RÈGLEMENT

DE

POLICE SANITAIRE

MARITIME

DÉCRET DU 4 JANVIER 1896

PARIS

Augustin CHALLAMEL, Editeur

Rue Jacob, 17

LIBRAIRIE MARITIME ET COLONIALE

RÈGLEMENT

DE

POLICE SANITAIRE

MARITIME

———

DÉCRET DU 4 JANVIER 1896

PARIS

Augustin CHALLAMEL, Editeur

Rue Jacob, 17

LIBRAIRIE MARITIME ET COLONIALE

———

INDEX

DÉCRET DU 4 JANVIER 1896

PORTANT

RÈGLEMENT DE POLICE SANITAIRE MARITIME

Promulgué au *Journal officiel* du 21 janvier 1896.

———————

Le Président de la République Française,

Sur le rapport du président du Conseil, ministre de l'intérieur,

Vu la loi du 3 mars 1822 sur la police sanitaire ;

Vu le décret du 22 février 1876 portant règlement de police sanitaire maritime ;

Vu les décrets des 15 avril 1879, 19 décembre 1883, 19 octobre 1894 et 22 juin 1895 relatifs à l'importation des drilles et chiffons par voie de mer :

Vu le décret du 30 décembre 1884 modifiant la composition des conseils sanitaires ;

Vu le décret du 15 décembre 1888 relatif au recouvrement des amendes en matière de police sanitaire ;

Vu la convention sanitaire internationale signée à Dresde le 15 avril 1893, notamment l'annexe I, titres Ier, II, III, IV et VIII, et le décret du 22 mai 1894 portant promulgation en France de ladite convention ;

Vu le décret du 25 juillet 1894 modifiant les taxes sanitaires applicables à la navigation d'escale ;

Vu le décret du 20 juin 1895 relatif à la police sanitaire maritime ;

Vu les décrets des 25 mai 1878, 26 janvier 1882 et 29 octobre 1885 portant application du règlement du 22 février 1876 aux ports de l'Algérie ;

Vu le décret du 5 janvier 1889 transférant les services de l'hygiène au ministère de l'intérieur ;

Vu le projet présenté par le Comité de direction des services de l'hygiène et l'avis du Comité consultatif d'hygiène publique de France;

Vu les avis du ministre de la justice, du ministre des affaires étrangères, du ministre des finances, du ministre de la guerre, du ministre de la marine, du ministre des travaux publics, du ministre du commerce, de l'industrie, des postes et télégraphes, du ministre de l'agriculture et du ministre des colonies ;

Décrète :

TITRE Iᵉʳ.

OBJET DE LA POLICE SANITAIRE MARITIME.

Art. Iᵉʳ. Le choléra, la fièvre jaune et la peste sont les seules maladies pestilentielles exotiques qui, en France et en Algérie, déterminent l'application de mesures sanitaires permanentes.

D'autres maladies graves, transmissibles et importables, notamment le typhus et la variole, peuvent être exceptionnellement l'objet de précautions spéciales.

2. Des mesures de précaution peuvent toujours être prises contre un navire dont les conditions hygiéniques sont jugées dangereuses par l'autorité sanitaire.

TITRE II.

PATENTE DE SANTÉ.

3. La patente de santé est un document qui a pour objet de mentionner l'état sanitaire du pays de provenance et particulièrement l'existence ou la non-existence des maladies visées à l'article premier. La patente de santé indique, en outre, le nom du navire, celui du capitaine, la nature de la cargaison, l'effectif de l'équipage et le nombre des passagers, ainsi que l'état sanitaire du bord au moment du départ.

La patente de santé est datée ; elle n'est valable que si elle a été délivrée dans les quarante-huit heures qui ont précédé le départ du navire.

4. Un navire ne doit avoir qu'une patente de santé.

5. La patente de santé est *nette* ou *brute*. Elle est nette quand elle constate l'absence de toute maladie pestilentielle dans la ou les circonscriptions d'où vient le navire ; elle est brute quand la présence d'une maladie de cette nature y est signalée.

Le caractère de la patente est apprécié par l'autorité sanitaire du port d'arrivée.

6. *En France et en Algérie,* la patente de santé est établie conformément à une formule arrêtée par le ministre de l'intérieur après avis du Comité de direction des services de l'hygiène ; elle est délivrée gratuitement par l'autorité sanitaire à tout capitaine qui en fait la demande.

7. Lorsqu'une maladie pestilentielle vient à se manifester dans

un port ou ses environs, l'autorité sanitaire de ce port avise immédiatement l'administration supérieure et, une fois l'existence du foyer constatée, signale le fait sur la patente de santé qu'elle délivre.

L'épidémie est considérée comme éteinte lorsque cinq jours pleins se sont écoulés sans qu'il y ait eu ni décès ni cas nouveau. La cessation complète de la maladie est alors immédiatement signalée à l'administration supérieure et, si les mesures de désinfection ont été convenablement prises, elle est mentionnée sur la patente de santé, avec la date de la cessation.

8. A *l'étranger*, la patente de santé est délivrée aux navires français à destination de France ou d'Algérie par le consul français du port de départ ou, à défaut de consul, par l'autorité locale.

Pour les navires étrangers à destination de France ou d'Algérie, la patente peut être délivrée par l'autorité locale, mais, dans ce cas, elle doit être visée et annotée, s'il y a lieu, par le consul français.

9. La patente de santé délivrée au port de départ est conservée jusqu'au port de destination. Le capitaine ne doit en aucun cas s'en dessaisir.

Dans chaque port d'escale, elle est visée par le consul français ou, à son défaut, par l'autorité locale qui y relate l'état sanitaire du port et de ses environs.

10. Les navires qui font un service régulier dans les mers d'Europe peuvent être dispensés par l'autorité sanitaire de l'obligation du *visa* de la patente à chaque escale.

11. La présentation d'une patente de santé, à l'arrivée dans un port de France ou d'Algérie, est en tout temps obligatoire pour les navires provenant : 1° des pays situés hors d'Europe, l'Algérie et la Tunisie exceptées ; 2° du littoral de la Mer Noire et des côtes de la Turquie d'Europe sur l'Archipel et la mer de Marmara.

12. Pour les régions autres que celles désignées à l'article 11, la présentation d'une patente de santé est obligatoire pour les navires provenant d'une circonscription contaminée par une maladie pestilentielle.

La même obligation peut être étendue, par décision du ministre de l'intérieur, aux pays se trouvant soit à proximité de ladite circonscription, soit en relations directes avec elle. Dans ce cas, l'obligation de la patente est immédiatement portée à la connaissance du public, notamment par la voie du *Journal officiel de la République Française*.

13. Les navires faisant le cabotage français (l'Algérie comprise) sont, à moins de prescription exceptionnelle, dispensés de se munir d'une patente de santé. La même dispense s'applique aux navires qui relient directement dans les mêmes conditions la France et la Tunisie.

14. Le capitaine d'un navire dépourvu de patente de santé, alors qu'il devrait en être muni, ou ayant une patente irrégulière, est passible, à son arrivée dans un port français, des pénalités édictées par l'article 14 de la loi du 3 mars 1822, sans préjudice de l'isolement et des autres mesures auxquels le navire peut être assujetti par le fait de sa provenance, et des poursuites qui pourraient être exercées en cas de fraude.

TITRE III.

MÉDECINS SANITAIRES MARITIMES.

15. Tout bâtiment à vapeur français affecté au service postal ou transport d'au moins cent voyageurs, qui fait un trajet dont la durée, escales comprises, dépasse quarante-huit heures, est tenu d'avoir à bord un médecin sanitaire.

Ce médecin doit être français et pourvu du diplôme de docteur en médecine : il prend le titre de *médecin sanitaire maritime*.

16. Les médecins sanitaires maritimes sont choisis sur un tableau dressé par le ministre de l'intérieur, après examen passé devant un jury qui est désigné par le ministre, sur l'avis du Comité de direction des services de l'hygiène.

L'examen porte sur l'épidémiologie, la prophylaxie et la réglementation sanitaires et leurs applications pratiques. Les conditions et les époques de l'examen sont arrêtées par le ministre de l'intérieur sur la proposition du Comité de direction des services de l'hygiène.

Il est délivré aux candidats agréés par le ministre un certificat d'aptitude aux fonctions de médecin sanitaire maritime.

17. Au cas où le nombre des médecins sanitaires maritimes portés sur la liste serait insuffisant, le ministre de l'intérieur pourvoit, sur la proposition du Comité de direction des services de l'hygiène, aux nécessités du service médical.

18. Un délai de trois mois est accordé, à partir de la date du présent décret, pour permettre aux médecins d'obtenir le certificat prévu par l'article 16 et aux compagnies de navigation et armateurs d'assurer l'embarquement de ces médecins.

Les médecins sanitaires antérieurement commissionnés auprès des compagnies maritimes peuvent être inscrits au tableau des médecins sanitaires maritimes sur leur demande transmise, avec avis motivé, par les directeurs de la santé de leurs ports d'attache et sur la proposition du Comité de direction des services de l'hygiène.

19. Le médecin sanitaire maritime a pour devoir d'user de tous les moyens que la science et l'expérience mettent à sa disposition :

a) Pour préserver le navire des maladies pestilentielles exotiques (choléra, fièvre jaune, peste) et des autres maladies contagieuses graves ;

b) Pour empêcher ces maladies, lorsqu'elles viennent à faire apparition à bord, de se propager parmi le personnel confié à ses soins et dans les populations des divers ports touchés par les navires.

20. Le médecin sanitaire maritime s'oppose à l'introduction sur le navire des personnes ou des objets susceptibles de provoquer à bord une maladie contagieuse.

21. Le médecin sanitaire maritime fait observer à bord les règles de l'hygiène. Il veille à la santé du personnel, passagers et équipage, et leur donne ses soins en cas de maladie.

22. Le médecin sanitaire maritime se concerte avec le capitaine pour l'application des dispositions contenues dans les trois articles qui précèdent.

En cas d'invasion à bord d'une maladie pestilentielle ou suspecte, il prévient immédiatement le capitaine et assure d'accord avec lui les mesures de préservation nécessaires.

23. Le médecin sanitaire maritime inscrit jour par jour, sur un registre, toutes les circonstances de nature à intéresser la santé du bord.

Il mentionne les dates d'invasion, de guérison ou de terminaison par la mort, de tous les cas de maladies contagieuses, avec indication des détails essentiels que comporte la nature de chaque cas.

A chaque escale ou relâche, il consigne, sur son registre, la date de l'arrivée et celle du départ, ainsi que les renseignements qu'il a pu recueillir sur l'état de la santé publique dans le port et ses environs.

Il inscrit sur le même registre les mesures prises pour l'isolement des malades, la désinfection des déjections, la destruction ou la purification des hardes, du linge et des objets de literie, la désinfection des logements ; il indique la nature, les doses, le mode d'emploi des substances désinfectantes et la date de chaque opération.

24. Le médecin sanitaire maritime est tenu, à l'arrivée dans un port français, de communiquer son registre à l'autorité sanitaire, qui ne statue qu'après en avoir pris connaissance.

Il répond à l'interrogatoire de celle-ci et lui fournit de vive voix ou par écrit si elle l'exige, tous les renseignements qu'elle demande.

25. Les déclarations du médecin sanitaire maritime sont faites sous la foi du serment.

Le délit de fausse déclaration est poursuivi conformément aux lois.

26. Le médecin sanitaire maritime fait parvenir au moins chaque année au ministre de l'intérieur un rapport relatant les observations de toute nature qu'il a pu recueillir au cours de ses voyages sur les questions intéressant le service sanitaire, l'étiologie et la prophylaxie des épidémies.

Les rapports des médecins sanitaires maritimes sont soumis au Comité consultatif d'hygiène publique de France. Ils peuvent donner lieu à l'attribution de récompenses honorifiques décernées par le ministre de l'intérieur et publiés au *Journal officiel de la République française*.

27. En cas d'infraction aux règlements sanitaires ou de non-exécution des devoirs résultant de ses fonctions, une décision ministérielle, prise sur l'avis du Comité de direction des services de l'hygiène, l'intéressé entendu, peut rayer un médecin sanitaire, à titre temporaire ou définitif, du tableau dressé en vertu de l'article 16.

28. Le capitaine d'un navire ne pouvant justifier de la présence à bord d'un médecin sanitaire régulièrement embarqué, ou d'un motif d'empêchement légitime, est passible, à son arrivée dans un port français, des pénalités édictées par l'article 14 de la loi du 3 mars 1822, sans préjudice des mesures sanitaires exceptionnelles auxquelles le navire peut être assujetti pour ce motif et des poursuites qui pourraient être exercées en cas de fraude.

29. Sur les navires qui n'ont pas de médecin sanitaire, les renseignements relatifs à l'état sanitaire et aux communications en mer sont recueillis par le capitaine et inscrits par lui sur son livre de bord.

TITRE IV.

MESURES SANITAIRES AU PORT DE DÉPART.

30. Le capitaine d'un navire français ou étranger se trouvant dans un port de France ou d'Algérie et se disposant à quitter ce port est tenu d'en faire la déclaration à l'autorité sanitaire avant d'opérer son chargement ou d'embarquer ses passagers.

31. Dans le cas où elle le juge nécessaire, l'autorité sanitaire a la faculté de procéder à la visite du navire avant le chargement et d'exiger tous renseignements et justifications utiles concernant la propreté des vêtements de l'équipage, la qualité de l'eau potable embarquée et les moyens de la conserver, la nature des vivres et des boissons, l'état de la pharmacie, et, en général, les conditions hygiéniques du personnel et du matériel embarqués.

L'autorité sanitaire peut, dans le même cas, prescrire la désinfection du linge sale soit à terre, soit à bord.

Le cas échéant, ces diverses opérations sont effectuées dans le plus court délai possible, de manière à éviter tout retard au navire.

32. L'autorité sanitaire s'oppose à l'embarquement des personnes ou des objets susceptibles de propager des maladies pestilentielles.

33. Les permis nécessaires soit pour opérer le chargement, soit pour prendre la mer, ne sont délivrés par la douane que sur le vu d'une licence remise par l'autorité sanitaire.

34. Les bateaux de pêche et en général les navires qui s'écartent peu du port de départ sont dispensés, à moins de prescription exceptionnelle, de la déclaration prévue à l'article 30.

TITRE V.

MESURES SANITAIRES PENDANT LA TRAVERSÉE.

35. Le linge de corps des passagers et de l'équipage, sali pendant la traversée, est lavé aussi souvent que possible.

36. Les lieux d'aisances sont lavés et désinfectés deux fois par jour.

Dans les cabines dont les occupants ne se déplacent pas, il est déposé une certaine quantité de substances désinfectantes et des instructions sont données pour leur emploi qui est obligatoire.

37. Dès qu'apparaissent les premiers signes d'une affection pestilentielle, les malades sont isolés, ainsi que les personnes spécialement désignées pour remplir les fonctions d'infirmier.

38. Dans les cabines où se trouvent des malades, s'il y a des lits superposés, ceux du bas sont seuls occupés ; les matelas, couvertures, etc., des lits non occupés sont enlevés de la cabine, dans laquelle on ne laisse que les objets strictement indispensables.

39. Les déjections des malades sont immédiatement désinfectées.

Les vêtements, le linge, les serviettes, draps de lits, couvertures, etc., ayant servi aux malades, sont, avant de sortir du local isolé, plongés dans une solution désinfectante.

Les vêtements et le linge des infirmiers sont soumis au même traitement avant d'être lavés.

Les objets infectés ou suspectés, de peu de valeur, sont immédiatement jetés à la mer si le navire est au large. Dans le cas où le navire est dans un port, ils sont brûlés.

Le sol des locaux affectés à l'isolement des malades et des infirmeries est lavé deux fois par jour à l'aide de solutions désinfectantes.

40. Ces locaux ne sont rendus au service courant qu'après lavage complet de toutes leurs parois à l'aide de solutions désinfectantes, réfections des peintures ou blanchiment à la chaux chlorurée et désinfection du mobilier. Ils ne reçoivent de nouveau passager en santé qu'après avoir été largement ouverts pendant plusieurs jours après ces désinfections.

41. Lorsque la mort d'un malade isolé est dûment constatée, le cadavre est jeté à la mer ; les objets de literie à l'usage du malade au moment de son décès sont également jetés à la mer si le navire est au large, ou désinfectés.

TITRE VI.

MESURES SANITAIRES DANS LES PORTS D'ESCALES CONTAMINÉS.

42. En arrivant en rade d'un port contaminé, le capitaine mouille à distance de la ville et des navires. S'il est contraint d'entrer dans le port et de s'amarrer à quai, il doit éviter autant que possible le voisinage des bouches d'égoût ou des ruisseaux dans lesquels se déverseraient les eaux vannes.

Aucun débarquement n'est autorisé qu'en cas de nécessité absolue. Personne ne doit coucher à terre ni, autant que possible, sur le pont du navire.

43. L'eau prise dans un port contaminé est dangereuse ; s'il y a nécessité de renouveler la provision, l'eau est immédiatement bouillie ou stérilisée.

44. Le lavage du pont est interdit si l'eau qui entoure le navire placé près de terre est souillée ou suspecte ; le pont est alors frotté à sec.

45. Le médecin sanitaire maritime, ou, à son défaut, le capitaine, s'oppose à l'embarquement des malades ou des personnes suspectes de maladie pestilentielle, ainsi que des convalescents de même maladie dont la guérison ne remonte pas à quinze jours au moins.

Le linge sale est refusé ou désinfecté.

46. Seuls les compartiments de la cale dont l'ouverture est indispensable au chargement, au déchargement ou à des opérations d'assainissement, sont ouverts.

47. Si pendant le séjour dans le port une affection pestilentielle se montre à bord du navire, les malades chez lesquels les premiers symptômes ont été dûment constatés sont, chaque fois qu'il est possible, dirigés sur le lazaret ou, à son défaut, sur l'hôpital, et tous leurs effets, les objets de literie qui leur ont servi sont détruits ou désinfectés.

TITRE VII.

MESURES SANITAIRES A L'ARRIVÉE.

48. Tout navire qui arrive dans un port de France et d'Algérie doit, avant toute communication, être *reconnu* par l'autorité sanitaire.

Cette opération obligatoire a pour objet de constater la provenance du navire et les conditions sanitaires dans lesquelles il se présente.

Elle consiste en un interrogatoire dont la formule est arrêtée par le ministre de l'intérieur après avis du Comité de direction des services de l'hygiène, et dans la présentation, s'il y a lieu, d'une patente de santé.

Réduite à un examen sommaire pour les navires notoirement exempts de suspicion, elle constitue la *reconnaissance proprement dite ;* dans les cas qui exigent un examen plus approfondi, elle prend le nom *d'arraisonnement.*

L'arraisonnement peut avoir pour conséquence, lorsque l'autorité sanitaire le juge nécessaire, *l'inspection sanitaire*, comprenant, s'il y a lieu, la *visite médicale* des passagers et de l'équipage.

49. Les opérations de reconnaissance et d'arraisonnement sont effectuées sans délai.

Elles sont pratiquées même de nuit toutes les fois que les circonstances le permettent. Cependant, s'il y a suspicion sur la provenance ou sur les conditions sanitaires du navire, l'arraisonnement et l'inspection sanitaire ne peuvent avoir lieu que de jour.

50. Les résultats soit de la reconnaissance, soit de l'arraisonnement sont relevés par écrit et consignés simultanément sur le registre médical et le livre de bord et sur un registre spécial tenu par l'autorité sanitaire du port.

51. Les bateaux de la douane, les bateaux des ponts et chaussées affectés au service des ports de commerce, des phares et balises, les bateaux-pilote, les garde-pêche, les bateaux qui font la petite pêche sur les côtes de France et d'Algérie ou sur la partie des côtes de Tunisie qui s'étend du cap Nègre à la frontière algérienne, et en général tous ceux qui s'écartent peu du rivage et qui peuvent être reconnus au simple examen sont, à moins de circonstance exceptionnelle dont l'autorité sanitaire est juge, dispensés de la reconnaissance.

52. Tout capitaine arrivant dans un port français est tenu de :

1° Empêcher toute communication, tout déchargement de son navire avant que celui-ci ait été reconnu et admis à la libre pratique ;

2° Produire aux autorités chargées de la police sanitaire tous les papiers de bord ; répondre, après avoir prêté serment de dire la vérité, à l'interrogatoire sanitaire, et déclarer tous les faits, donner tous les renseignements venus à sa connaissance et pouvant intéresser la santé publique ;

3° Se conformer aux règles de la police sanitaire, ainsi qu'aux ordres qui lui sont donnés par lesdites autorités.

53. Les gens de l'équipage et les passagers peuvent, lorsque l'autorité sanitaire le juge nécessaire, être soumis à de semblables interrogatoires et obligés, sous serment, à de semblables déclarations.

54. Les navires dispensés de produire une patente de santé ou munis d'une patente de santé *nette* sont admis immédiatement à la libre pratique, après la reconnaissance ou l'arraisonnement, sauf dans les cas mentionnés ci-après :

a) Lorsque le navire a eu à bord, pendant la traversée, des accidents, certains ou suspects, de choléra, de fièvre jaune ou de peste, ou d'une maladie grave, transmissible et importable ;

b) Lorsque le navire a eu en mer des communications de nature suspecte ;

c) Lorsqu'il présente, à l'arrivée, des conditions hygiéniques dangereuses ;

d) Lorsque l'autorité sanitaire a des motifs légitimes de contester la sincérité de la teneur de la patente de santé ;

e) Lorsque le navire provient d'un port qui entretient des relations libres avec une circonscription voisine contaminée ;

f) Lorsque le navire, provenant d'une circonscription où régnait peu auparavant une maladie pestilentielle, a quitté cette circonscription avant qu'elle ait cessé d'être considérée comme contaminée.

Dans ces différents cas, le navire, bien que muni d'une patente nette, peut être assujetti aux mêmes mesures que s'il avait une patente brute.

Tout navire arrivant avec patente brute est soumis au régime sanitaire déterminé ci-après.

Ce régime diffère selon que le navire est *indemne, suspect ou infecté*.

56. Est considéré comme *indemne*, bien que venant d'une circonscription contaminée, le navire qui n'a eu ni décès ni cas de maladie pestilentielle à bord, soit avant le départ, soit pendant la traversée, soit au moment de l'arrivée.

Est considéré comme *suspect* le navire à bord duquel il y a eu un ou plusieurs cas, confirmés ou suspects, au moment du départ ou pendant la traversée, mais aucun cas nouveau de choléra depuis *sept* jours, de fièvre jaune ou de peste depuis *neuf* jours.

Est considéré comme *infecté* le navire qui présente à bord un ou plusieurs cas, confirmés ou suspects, d'une maladie pestilentielle, ou qui en a présenté pour le choléra depuis moins de sept jours, pour la fièvre jaune et la peste depuis moins de neuf jours.

57. Le navire *indemne* est soumis au régime suivant :

1° Visite médicale des passagers et de l'équipage ;

2° Désinfection du linge sale, des effets à usage, des objets de literie, ainsi que tous autres objets ou bagages que l'autorité sanitaire du port considère comme contaminés.

Si le navire a quitté la circonscription contaminée depuis plus de cinq jours en cas de choléra, depuis plus de sept jours en cas de fièvre jaune et de peste, les mesures ci-dessus sont immédiatement prises et le navire est admis à la libre pratique.

Si le navire a quitté depuis moins de cinq jours une circonscription contaminée de choléra, il est délivré à chaque passager un passeport sanitaire indiquant *la date du jour où le navire a quitté le port contaminé*, le nom du passager et celui de la commune dans laquelle il déclare se rendre. L'autorité sanitaire donne en même temps avis du départ du passager au maire de cette commune et appelle son attention sur la nécessité de surveiller ledit passager au point de vue sanitaire jusqu'à l'expiration des cinq jours à dater du départ du navire (*surveillance sanitaire*).

L'équipage est soumis à la même surveillance sanitaire.

Si la circonscription quittée par le navire depuis moins de sept jours était contaminée de fièvre jaune ou de peste, les mêmes précautions sont prises, sauf les modifications suivantes :

1º Le délai de surveillance est porté à sept jours ;

2º Le déchargement des marchandises n'est commencé qu'après le débarquement de tous les passagers ;

3º L'autorité sanitaire peut ordonner la désinfection de tout ou partie du navire ; mais cette désinfection n'est faite qu'après le débarquement des passagers.

Dans tous les cas, l'eau potable du bord est renouvelée et les eaux de cale sont évacuées après désinfection.

58. Le navire *suspect* est soumis au régime suivant :

1º Visite médicale des passagers et de l'équipage ;

2º Désinfection du linge sale, des effets à usage, des objets de literie, ainsi que de tous autres objets ou bagages que l'autorité sanitaire du port considère comme contaminés.

Les passagers sont débarqués aussitôt après l'accomplissement de ces opérations. Il est délivré à chacun d'eux un passeport sanitaire indiquant *la date de l'arrivée du navire*, le nom du passager et celui de la commune dans laquelle il déclare se rendre. L'autorité sanitaire donne en même temps avis du départ du passager au maire de cette commune et appelle son attention sur la nécessité de surveiller ledit passager au point de vue sanitaire jusqu'à l'expiration d'un délai de cinq jours à partir de l'arrivée du navire.

L'équipage est soumis à la même surveillance sanitaire.

L'eau potable du bord est renouvelée et les eaux de cale sont évacuées après désinfection.

Si la maladie qui s'est manifestée à bord est le choléra et si la désinfection du navire ou de la partie du navire contaminée n'a pas été faite conformément aux prescriptions du titre V, ou si l'autorité sanitaire juge que la désinfection n'a pas été suffisante, il est procédé à cette opération aussitôt après le débarquement des passagers.

Si la maladie qui s'est manifestée à bord est la fièvre jaune ou la peste, le déchargement des marchandises n'est commencé qu'après débarquement des passagers ; la désinfection du navire est obligatoire et n'a lieu qu'après le débarquement des passagers et le déchargement des marchandises.

59. Le navire *infecté* est soumis au régime suivant :

1º Les malades sont immédiatement débarqués et isolés jusqu'à leur guérison ;

2º Les autres personnes sont ensuite débarquées aussi rapidement que possible et soumises à une *observation* dont la durée varie selon l'état sanitaire du navire et selon la date du dernier cas. La durée de cette observation ne pourra dépasser *cinq* jours pour le choléra et *sept* jours pour la fièvre jaune et la peste après le débarquement, ou après le dernier cas survenu parmi les personnes débarquées : celles-ci sont divisées par groupes aussi peu nombreux que possible, de façon que, si des accidents se montraient dans un groupe, la durée de l'isolement ne fût pas augmentée pour tous les passagers ;

3° Le linge sale, les effets à usage, les objets de literie, ainsi que tous autres objets ou bagages que l'autorité sanitaire du port considère comme contaminés, sont désinfectés ;

4° L'eau potable du bord est renouvelée. Les eaux de cale sont évacuées après désinfection ;

5° Il est procédé à la désinfection du navire ou de la partie du navire contaminée après le débarquement des passagers et, s'il y a lieu, le déchargement des marchandises.

Si la maladie qui s'est manifestée à bord est la fièvre jaune ou la peste, le déchargement des marchandises n'est commencé qu'après le débarquement de tous les passagers, et la désinfection du navire n'est opérée qu'après le déchargement.

60. Dans tous les cas, les personnes qui ont été chargées de la désinfection totale ou partielle du navire, qui ont procédé avant ou pendant la désinfection du navire au déchargement et à la désinfection des marchandises, ou qui sont restées à bord pendant l'accomplissement de ces opérations, sont isolées pendant un délai que fixe l'autorité sanitaire et qui ne peut dépasser, à partir de la fin desdites opérations, cinq jours pour les navires en patente brute du choléra, sept jours pour les navires en patente brute de fièvre jaune ou de peste.

Le navire est soumis à l'isolement jusqu'à ce que les opérations de déchargement et de désinfection pratiquées à bord soient terminées.

61. En France, du 1er novembre au 20 février, si le navire provient d'une circonscription contaminée de fièvre jaune, qu'il soit indemne, suspect ou infecté, on se contentera de la visite médicale des passagers, de la désinfection du linge sale, des effets à usage, objets de literie et autres objets ou bagages suspects, et de la désinfection du navire ou de la partie du navire que l'autorité sanitaire jugerait contaminée.

S'il y a à bord des malades atteints de fièvre jaune, ils sont immédiatement débarqués et isolés jusqu'à leur guérison ; les autres passagers et l'équipage sont soumis à la *surveillance sanitaire* (prévue par l'article 57) pendant sept jours.

62. Les mesures concernant les navires soit indemnes, soit suspects, soit infectés, peuvent être atténuées par l'autorité sanitaire du port s'il y a à bord un médecin sanitaire maritime et une étuve à désinfection remplissant les conditions de sécurité et d'efficacité prescrites par le Comité consultatif d'hygiène publique de France, et si le médecin certifie que les mesures de désinfection et d'assainissement ont été convenablement pratiquées pendant la traversée.

63. Les mesures prescrites par l'autorité sanitaire du port sont notifiées sans retard et par écrit au capitaine, sous réserve des modifications que des circonstances ultérieures pourraient rendre nécessaires.

64. Tout navire soumis à l'isolement est tenu à l'écart dans un poste déterminé et surveillé par un nombre suffisant de gardes de santé.

65. Un navire infecté qui ne fait qu'une simple escale sans prendre pratique ou qui ne veut pas se soumettre aux obligations imposées par l'autorité du port, est libre de reprendre la mer. Dans ce cas, la patente de santé lui est rendue avec un *visa* mentionnant les conditions dans lesquelles il part. Il peut être autorisé à débarquer ses marchandises, après que les précautions nécessaires ont été prises.

Il peut également être autorisé à débarquer les passagers qui en feraient la demande, à la condition que ceux-ci se soumettent aux mesures prescrites pour les navires infectés.

66. Lorsqu'un navire infecté se présente dans un port sans lazaret, il est envoyé au lazaret le plus voisin.

Toutefois, si le port possède une station sanitaire, ce navire peut y débarquer ses malades et ses suspects et y recevoir les secours dont il aurait besoin.

Il peut même être dispensé exceptionnellement de se rendre dans un lazaret si la station sanitaire dispose de moyens suffisants pour assurer l'isolement et la désinfection prescrits en pareille circonstance. Dans ce cas, l'autorité sanitaire avise immédiatement soit le ministre de l'intérieur, soit le gouverneur général de l'Algérie, de la décision qu'elle a prise.

67. Un navire étranger, à destination étrangère, qui se présente en état de patente brute dans un port à lazaret pour y être soumis à l'isolement, peut, s'il doit en résulter un danger pour les autres personnes déjà isolées, ne pas être admis à débarquer ses passagers au lazaret et être invité à continuer sa route pour sa plus prochaine destination, après avoir reçu tous les secours nécessaires.

S'il y a des cas de maladie pestilentielle à bord, les malades sont, autant que possible, débarqués à l'infirmerie du lazaret.

68. Les navires chargés d'émigrants, de pèlerins, de corps de troupe, et en général tous les navires jugés dangereux par une agglomération d'hommes dans de mauvaises conditions, peuvent, en tout temps, être l'objet de précautions spéciales que détermine l'autorité sanitaire du port d'arrivée, après avis du conseil sanitaire s'il en existe, sauf à référer sans délai soit au ministre de l'intérieur, soit au gouverneur général de l'Algérie.

69. Outre les diverses mesures spécifiées dans les articles qui précèdent, l'autorité sanitaire d'un port a le devoir, en présence d'un danger imminent et en dehors de toute prévision, de prescrire provisoirement telles mesures qu'elle juge indispensables pour garantir la santé publique, sauf à en référer dans le plus bref délai soit au ministre de l'intérieur, soit au gouverneur général de l'Algérie.

TITRE VIII.

MARCHANDISES : IMPORTATION ; TRANSIT ; PROHIBITION ; DÉSINFECTION

70. Sauf les exceptions ci-après, les marchandises et objets de toute sorte arrivant par un navire qui a patente nette et qui n'est dans aucun des cas prévus par l'article 54, sont admis immédiatement à la libre pratique.

71. Les peaux brutes fraîches ou sèches, les crins bruts et en général tous les débris d'animaux peuvent, même en cas de patente nette, être l'objet de mesures de désinfection que détermine l'autorité sanitaire.

Lorsqu'il y a à bord des matières organiques susceptibles de transmettre des maladies contagieuses, s'il y a impossibilité de les désinfecter et danger de leur donner libre pratique, l'autorité sanitaire en ordonne la destruction, après avoir constaté par procès-verbal, conformément à l'article 5 de la loi du 3 mars 1822, la nécessité de la mesure et avoir consigné sur ledit procès-verbal les observations du propriétaire ou de son représentant.

72. La désinfection est dans tous les cas obligatoire :

1º Pour les linges de corps, hardes et vêtements portés (effets à usage) et les objets de literie ayant servi, transportés comme marchandises ;

2º Pour les vieux tapis ;

3º Pour les chiffons et les drilles, à moins qu'ils ne rentrent dans les catégories suivantes qui sont admises en libre pratique :

a) Chiffons comprimés par la force hydraulique, transportés comme marchandises en gros, par ballots cerclés de fer, à moins que l'autorité sanitaire n'ait des raisons légitimes pour les considérer comme contaminées.

b) Déchets neufs, provenant directement d'ateliers de filature, de tissage, de confection ou de blanchiment ; laines artificielles et rognures de papier neuf.

73. Les marchandises débarquées de navires munis de patente brute peuvent être considérées comme contaminées et à ce titre l'autorité sanitaire peut en prescrire la désinfection soit au lazaret, soit sur des allèges.

74. Les marchandises en provenance de pays contaminés sont admises au transit sans désinfection si elles sont pourvues d'une enveloppe prévenant tout danger de transmission.

75. Les lettres et correspondances, imprimés, livres, journaux, papiers d'affaires (non compris les colis postaux) ne sont soumis à aucune restriction ni désinfection.

76. Les animaux vivants autres que les bestiaux ou ceux visés par la loi du 21 juillet 1881 sur la police sanitaire des animaux domestiques peuvent être l'objet de mesures de désinfection.

Des certificats d'origine peuvent être exigés pour les animaux embarqués sur un navire provenant d'un port au voisinage duquel règne une épizootie.

Des certificats analogues peuvent être délivrés pour des animaux embarqués en France ou en Algérie.

Lorsque des cuirs verts, des peaux ou des débris frais d'animaux sont expédiés de France ou d'Algérie à l'étranger, ils peuvent, à la demande de l'expéditeur, être l'objet de certificats d'origine délivrés d'après la déclaration d'un vétérinaire assermenté.

TITRE IX.

STATIONS SANITAIRES ET LAZARETS.

77. Le service sanitaire comprend des *stations sanitaires* et des *lazarets* répartis dans les ports, après avis du Comité de direction des services de l'hygiène, suivant décision soit du ministre de l'intérieur, soit du gouverneur général de l'Algérie.

78. La station sanitaire comporte :

1º Des locaux séparés (tentes ou bâtiments) destinés au traitement des malades et à l'isolement des suspects ;

2º Une étuve à désinfection remplissant les conditions de sécurité et d'efficacité prescrites par le Comité consultatif d'hygiène publique de France.

3º Des appareils reconnus efficaces pour les désinfections qui ne peuvent être faites au moyen de l'étuve, notamment pour les tentes et à leur défaut pour les bâtiments où est pratiqué l'isolement des malades et des suspects.

Le service sanitaire et l'administration hospitalière se concertent pour l'usage commun des locaux et des appareils et pour l'emploi commun du personnel de service.

79. Le lazaret est un établissement permanent disposé de manière à permettre l'application de toutes les mesures commandées par le débarquement et l'isolement des passagers, la désinfection des marchandises et celle du navire.

80. La distribution intérieure du lazaret est telle que les personnes et les choses appartenant à des isolements de dates différentes puissent être séparées.

Deux corps de bâtiments, isolés et à distance convenable, sont affectés l'un aux malades, l'autre aux suspects.

81. Des parloirs sont disposés pour les visites avec les précautions nécessaires pour éviter la contamination.

82. Des magasins distincts sont affectés, d'une part, aux marchandises et objets à purifier et, d'autre part, aux marchandises et objets purifiés.

83. Le lazaret possède nécessairement une ou plusieurs étuves à désinfection remplissant les conditions de sécurité et d'efficacité prescrites par le Comité consultatif d'hygiène publique de France, et les autres appareils reconnus efficaces pour les désinfections qui ne peuvent être faites au moyen de l'étuve.

84. Le lazaret est pourvu :

1° D'eau saine à l'abri de toute souillure, en qualité suffisante ;
2° D'un système d'évacuation sans stagnation possible des matières usées. Si un tel système est impraticable, les évacuations sont faites au moyen de tinettes mobiles placées dans une fosse étanche. Ces tinettes renferment en tout temps une substance désinfectante. Elles sont vidées au loin le plus souvent possible et en tout cas après l'expiration de chaque période d'isolement.

85. Un médecin est attaché au lazaret : il est chargé notamment de visiter les personnes isolées, de les soigner le cas échéant et de constater leur état de santé à l'expiration de la durée de l'isolement.

86. Les malades reçoivent dans le lazaret les secours religieux et les soins médicaux qu'ils trouveraient dans un établissement hospitalier ordinaire.

Les personnes venues du dehors pour les visiter ou leur donner des soins sont, en cas de compression, isolées.

Chaque malade a la faculté, sous la même condition, de se faire traiter par un médecin de son choix et de se faire assister par des gardes-malades de l'extérieur.

87. Les soins et les visites du médecin du lazaret sont gratuits.

88. Les frais de traitement et de médicaments sont à la charge des personnes isolées et le décompte en est fait suivant le tarif qui est approuvé annuellement après avis du Comité de direction des services de l'hygiène, soit par le ministre de l'intérieur, soit par le gouverneur général de l'Algérie.

89. Les frais de nourriture sont à la charge des personnes isolées et le décompte en est fait suivant un tarif approuvé annuellement par le préfet du département.

90. Pour les émigrants, les pèlerins, qui voyagent en vertu d'un contrat, les frais de traitement et de nourriture au lazaret sont à la charge de l'armement ; pour les militaires et les marins, ces frais incombent à l'autorité dont ils relèvent.

91. Les indigents ne rentrant pas dans la catégorie définie à l'article 89 sont traités et nourris gratuitement.

92. Les personnes isolées ont en outre à supporter les droits sanitaires définis au titre X.

93. Les règlements locaux prévus par l'article 132 déterminent

les limites de la station sanitaire, du lazaret et des autres lieux réservés dont il est fait mention dans les articles 17, 18 et 19 de la loi du 3 mars 1822.

Ils déterminent également la zone affectée à l'isolement des navires.

TITRE X.

DROITS SANITAIRES.

94. Les droits sanitaires sont :

a) Droits de reconnaissance à l'arrivée, savoir :

Navires naviguant au cabotage français (l'Algérie comprise) d'une mer à l'autre, par tonneau....................... 0^f 05^c

Navires naviguant au cabotage international, par tonneau   0 10

Navires naviguant au long cours, par tonneau........ 0 15

Navires faisant un service régulier d'un port européen dans un port de la Manche ou de l'Océan, par tonneau.. 0 05

Navires venant d'un port étranger dans un port français de la Méditerranée, si la durée habituelle et totale de la navigation n'excède pas douze heures, par tonneau 0 05

Les navires appartenant à ces deux dernières catégories pourront contracter des abonnements de six mois ou d'un an. L'abonnement sera calculé à raison de cinquante centimes (0^f 50) par tonneau et par an, quel que soit le nombre des voyages.

Navires à vapeur faisant escale sur les côtes de France pour prendre ou laisser des voyageurs :

S'ils viennent d'un port européen :

Par voyageur embarqué ou débarqué................ 0^f 50^c

Par tonneau de marchandises débarquées jusqu'à concurrence de trois tonneaux............................ 0 10

S'ils viennent d'un port situé hors d'Europe :

Par voyageur embarqué ou débarqué................ 1 00

Par tonneau de marchandises débarquées jusqu'à concurrence de trois tonneaux............................ 0 15

b) Droit de station, payable par les navires soumis à l'isolement, par jour et par tonneau.................... 0 03

c) Droits de séjour dans les stations sanitaires et lazarets, par jour et par personne :

1re classe.. 2 00
2e classe.. 1 00
3e classe.. 0 50

d) Droits de désinfection :

*1° Désinfection du linge sale, des effets à usage, des objets
de literie du bord et de tous autres objets ou bagages consi-
dérés comme contaminés :*

Par voyageur débarqué :

1re classe.. 1^f 00^c
2e classe.. 0 50
3e classe.. 0 25
Par homme de l'équipage (état-major compris)....... 0 25

2° Désinfection des marchandises :

Désinfection pratiquée à bord des navires, par tonneau
de jauge... 0 05
Marchandises débarquées pour être désinfectées :
Marchandises emballées, par 100 kilogrammes....... 0 50
Cuirs, les 100 pièces....................................... 1 00
Petites peaux non emballées, les 100 pièces.......... 0 50

3° Désinfection des chiffons et des drilles :
Par 100 kilogrammes.. 0 50

*4° Désinfection du navire ou de la partie du navire conta-
minée :*

Pour le navire entier : par tonneau de jauge.......... 0 02

Si la désinfection ne porte que sur la partie du navire contaminée, le droit est réduit de moitié.

Les droits de désinfection déterminés par les paragraphes 1, 2
et 4 ci-dessus peuvent être réduits de moitié pour le navire qui,
ayant à bord un médecin sanitaire nommé ou agréé par le gouvernement du pays auquel appartient le navire et une étuve à
désinfection dont la sécurité et l'efficacité ont été constatées,
justifierait que toutes les mesures d'assainissement et de désinfection ont été régulièrement appliquées au cours de la traversée
conformément aux prescriptions du titre V.

Tous les droits sanitaires sont à la charge de l'armement. Les frais résultant soit des manipulation, main-d'œuvre et transport, soit de l'emploi des désinfectants chimiques, sont également à la charge de l'armement. S'il s'agit de chiffons et de drilles la dépense est, suivant l'usage, au compte de la marchandise.

95. Les navires naviguant au cabotage français (l'Algérie comprise) dans la même mer sont exemptés du droit de reconnaissance.

96. Les navires qui, au cours d'une même opération, entrent successivement dans plusieurs ports situés sur la même mer ne payent le droit de reconnaissance qu'une seule fois au port de première arrivée.

97. Les militaires et marins, les enfants au-dessous de sept ans, les indigents embarqués aux frais du gouvernement ou d'office par les consuls sont dispensés des droits sanitaires.

98. Les droits sanitaires applicables aux émigrants ou aux pèlerins voyageant en vertu d'un contrat sont à la charge de l'armement.

99. Sont exemptés de tous les droits sanitaires déterminés par les articles précédents :

1° Les bâtiments de guerre et les bateaux appartenant aux divers services de l'Etat.

2° Les bâtiments en relâche forcée, pourvu qu'ils ne donnent lieu à aucune opération sanitaire et qu'ils ne se livrent dans le port à aucune opération de commerce ;

3° Les bateaux de pêche français ou étrangers, y compris les transports rapportant le poisson dans les ports français, pourvu que ces différents bateaux ne fassent pas d'opérations de commerce dans les ports de relâche ;

4° Les bâtiments allant faire des essais en mer, sans se livrer à des opérations de commerce.

100. La perception des droits sanitaires est confiée au service des douanes.

TITRE XI.

AUTORITÉS SANITAIRES.

101. La police sanitaire du littoral est exercée par des agents relevant directement du ministre de l'intérieur pour la France et du gouverneur général pour l'Algérie.

102. Le littoral est divisé en circonscriptions sanitaires.

Chaque circonscription est subdivisée en agences (agences principales et agences ordinaires).

Le nombre et l'étendue des circonscriptions et des agences sont déterminés par décision du ministre de l'intérieur après avis du Comité de direction des services de l'hygiène.

Pour l'Algérie, les circonscriptions sont déterminées, après avis du Comité de direction, par le gouverneur général; la répartition des agences est faite par le gouverneur.

103. A la tête de chaque circonscription est placé un *directeur de la santé*, nommé après avis du Comité de direction des services de l'hygiène, en France par le ministre de l'intérieur, en Algérie par le gouverneur général.

Le directeur de la santé est docteur en médecine.

Il a sous ses ordres des agents principaux, des agents ordinaires et des sous-agents échelonnés sur le littoral.

Les agents principaux remplissent les fonctions de chefs de service dans les départements où ne réside pas de directeur de la santé.

Une direction de santé comporte, en outre, un personnel d'officiers, d'employés et de gardes dont les cadres sont fixés, suivant les besoins du service, par décision soit du ministre de l'intérieur, soit du gouverneur général de l'Algérie ; elle peut comprendre un ou plusieurs médecins, docteurs en médecine, qui prennent le titre de *médecins de la santé*.

Les médecins de la santé et les médecins attachés aux lazarets sont nommés en France par le ministre, en Algérie par le gouverneur général.

104. Le directeur de la santé est chargé d'assurer dans sa circonscription l'application des règlements et instructions sur la police sanitaire maritime.

Il délivre ou vise les patentes de santé pour le port de sa résidence.

105. Le directeur de la santé demande et reçoit directement les ordres soit du ministre de l'intérieur, soit du gouverneur général de l'Algérie pour toutes les questions qui intéressent la santé publique.

106. Le directeur de la santé doit se tenir constamment et exactement renseigné sur l'état sanitaire de sa circonscription et des pays étrangers avec lesquels celle-ci est en relations.

107. En cas de circonstance menaçante et imprévue, le directeur de la santé peut prendre d'urgence telle mesure qu'il juge propre à garantir la santé publique, sous réserve d'en référer immédiatement soit au ministre de l'intérieur, soit au gouverneur général de l'Algérie.

108. Les directeurs de la santé doivent se communiquer directement toutes les informations sanitaires qui peuvent intéresser leur service.

109. Le directeur de la santé adresse chaque mois au moins soit au ministre de l'intérieur, soit au gouverneur général de l'Algérie, un rapport faisant connaître l'état sanitaire des ports de sa circonscription, et résumant les diverses informations relatives à la santé publique dans les pays étrangers en relations avec ces ports, ainsi que les mesures sanitaires auxquelles auraient été soumises les provenances desdits pays. Ce rapport est accompagné d'un état des navires ayant motivé l'application de mesures spéciales. Pour les ports de l'Algérie, copies des rapports et états sont adressées au ministre de l'intérieur par le gouverneur général.

Le directeur de la santé avertit immédiatement soit le ministre, soit le gouverneur général de tout fait grave intéressant la santé publique de sa circonscription ou des pays étrangers en relations avec celle-ci.

110. Les agents principaux et agents ordinaires, chacun pour la partie du littoral dont la surveillance lui est confiée, assurent, suivant les instructions et sous le contrôle des directeurs de la santé, l'application des règlements sanitaires.

A cet effet, ils reconnaissent l'état sanitaire des provenances et leur donnent la libre pratique, s'il y a lieu. Ils font exécuter les règlements ou décisions qui déterminent les mesures d'isolement et les précautions particulières auxquelles les navires infectés ou suspects sont soumis. Ils s'opposent, par tous les moyens en leur pouvoir, aux infractions aux règlements sanitaires et constatent les contraventions par procès-verbal. Dans les cas urgents et imprévus, ils pourvoient aux dispositions provisoires qu'exige la santé publique, sauf à en référer immédiatement et directement au directeur de la santé de leur circonscription. Ils délivrent ou visent les patentes de santé pour les ports dans lesquels ils résident.

111. En vertu des articles 12 et 13 de la loi du 3 mars 1822, les directeurs de la santé et les agents principaux et ordinaires ont droit de requérir pour le service qui leur est confié le concours non seulement de la force publique, mais encore, dans les cas d'urgence, des officiers et employés de la marine, des employés des douanes et des contributions indirectes, des officiers et maîtres de ports, des gardes forestiers et au besoin de tout citoyen.

Ces réquisitions ne peuvent d'ailleurs enlever à leurs fonctions habituelles des individus chargés d'un service public, à moins que le danger ne soit assez pressant au point de vue sanitaire pour exiger momentanément le sacrifice de tout autre intérêt.

112. Les agents ordinaires du service sanitaire sont choisis, autant que possible, parmi les agents du service des douanes ; ils reçoivent une indemnité.

Le taux des indemnités est fixé par décision soit du ministre de l'intérieur, soit du gouverneur général de l'Algérie.

113. Les agents principaux, les capitaines de lazaret et les capitaines de la santé sont nommés soit par le ministre de l'intérieur, soit par le gouverneur général de l'Algérie. Si les candidats appartiennent au service des douanes, leur nomination a lieu sur la désignation du directeur général de cette administration.

114. Les agents, sous-agents et autres employés du service sanitaire sont nommés par le préfet, sur la présentation du directeur de la santé ou de l'agent principal, et après entente avec le directeur des douanes, si l'agent désigné appartient à ce service.

Ces nominations ne peuvent avoir lieu que sous réserve des dispositions législatives ou réglementaires concernant les emplois affectés aux sous-officiers rengagés ou aux anciens militaires gradés. A cet effet, aucune désignation n'est faite par les préfets sans qu'il en ait été préalablement référé soit au ministre de l'intérieur, soit au gouverneur général de l'Algérie.

TITRE XII.

CONSEILS SANITAIRES.

115. Le ministre de l'intérieur pour la France et le gouverneur général pour l'Algérie déterminent, après avis du Comité de direction des services de l'hygiène, les ports dans lesquels est institué un conseil sanitaire.

Il en existe au moins un par circonscription sanitaire.

116. Le conseil sanitaire est nécessairement consulté par l'administration :

Sur le règlement local du port où il est institué ;

Sur l'organisation de la station sanitaire ou du lazaret existant dans ce port ;

Sur les traités à passer, le cas échéant, avec les administrations hospitalières ;

Sur les plans et devis des bâtiments à construire.

Il donne son avis sur toutes les questions qui lui sont soumises par l'administration ou sur lesquelles il croit devoir appeler son attention dans l'intérêt du port.

117. Le conseil sanitaire est composé de la manière suivante :

1° Le préfet ou le secrétaire général, le sous-préfet, ou, à leur défaut, un conseiller de préfecture délégué par le préfet ;

2° Le directeur de la santé, l'agent principal ou l'agent ordinaire du service sanitaire en résidence dans le port ;

3° Le maire ;

4° Le professeur d'hygiène soit de la faculté de médecine, soit de l'école de médecine de plein exercice, soit, à leur défaut, de l'école de médecine navale, situées dans le département ;

5° Le médecin des épidémies de l'arrondissement ;

6° Le médecin militaire du grade le plus élevé ou le plus ancien dans le grade le plus élevé, en résidence dans le port ;

7° Dans les ports de commerce, le chef du service de la marine ou, à son défaut, le commissaire de l'inscription maritime et, dans les ports militaires, le préfet maritime ou son délégué et le médecin le plus élevé en grade du service de santé de la marine ;

8° L'agent le plus élevé en grade du service des douanes ;

9° L'ingénieur en chef ou, à son défaut, l'ingénieur ordinaire attaché au service maritime du port ;

10° Un membre du conseil municipal élu par le conseil ;

11° Deux membres de la chambre de commerce élus par la chambre, ou, à défaut de chambre de commerce, deux membres du tribunal de commerce élus par le tribunal, ou, à défaut de chambre de commerce et de tribunal de commerce, deux négociants élus par le conseil municipal ;

12° Un membre du conseil d'hygiène publique et de salubrité de l'arrondissement élu par le conseil.

Le préfet ou le sous-préfet est président du conseil sanitaire.

Le conseil nomme un vice-président qui préside en l'absence du préfet ou du sous-préfet.

118. Les quatre membres élus du conseil sanitaire sont nommés pour trois ans. Ils sont rééligibles.

119. Les préfets et les sous-préfets, présidents des conseils sanitaires, peuvent convoquer aux séances du conseil le consul du pays intéressé aux questions qui y sont mises en délibération.

Dans ce cas, le consul étranger participe aux travaux du conseil avec voix consultative.

120. Le conseil sanitaire se réunit sur la convocation du préfet ou du sous-préfet.

En cas d'urgence, la convocation peut être faite, à défaut du président, par le vice-président.

121. Il est tenu procès-verbal des séances, dont le compte rendu est immédiatement et directement adressé, par les soins du président, soit au ministre de l'intérieur, soit au gouverneur général de l'Algérie, ainsi qu'au directeur de la santé de la circonscription s'il s'agit d'un port autre que celui où réside ce fonctionnaire.

TITRE XIII.

ATTRIBUTIONS DES AUTORITÉS SANITAIRES EN MATIÈRE DE POLICE JUDICIAIRE ET D'ÉTAT CIVIL.

122. Les autorités sanitaires qui, en exécution des articles 17 et 18 de la loi du 3 mars 1822, peuvent être appelées à exercer les fonctions d'officier de police judiciaire sont les directeurs de la santé, les agents principaux et ordinaires du service sanitaire, les capitaines de la santé et les capitaines de lazaret.

123. A cet effet, ces divers agents prêtent serment, au moment de leur nomination, devant le tribunal civil du port auquel ils sont attachés.

124. Les mêmes autorités sanitaires exercent les fonctions d'officier de l'état-civil conformément à l'article 19 de la loi du 3 mars 1822.

125. Au cas où il se produirait une infraction pour laquelle l'autorité sanitaire n'est pas exclusivement compétente, celle-ci procède suivant les articles 53 et 54 du Code d'instruction criminelle.

TITRE XIV.

RECOUVREMENT DES AMENDES.

126. En cas de contravention à la loi du 3 mars 1822 dans un port, rade ou mouillage de France ou d'Algérie, le navire est provisoirement retenu et le procès-verbal est immédiatement porté à la connaissance du capitaine du port ou de toute autre autorité en tenant lieu, qui ajourne la délivrance du billet de sortie jusqu'à ce qu'il ait été satisfait aux prescriptions mentionnées dans l'article suivant.

127. L'agent verbalisateur arbitre provisoirement, conformément à un tarif arrêté par le ministre des finances, de concert avec le ministre de l'intérieur, le montant de l'amende en principal et décimes, ainsi que les frais du procès-verbal ; il en prescrit la consignation immédiate à la caisse de l'agent chargé de la perception des droits sanitaires, à moins qu'il ne soit présenté à ce comptable une caution solvable.

Celui-ci, en cas d'acquittement, remboursera à l'ayant droit la somme consignée. Si, au contraire, il y a condamnation, il versera cette somme au percepteur (en Algérie au receveur des contributions diverses) qui aura pris charge de l'extrait de jugement, où il fera connaître à ce comptable les nom et domicile de la caution présentée.

128. Le contrevenant est tenu d'élire domicile dans le département du lieu où la contravention a été constatée ; à défaut par lui d'élection de domicile, toute notification lui est valablement faite à la mairie de la commune où la contravention a été commise.

TITRE XV.

DISPOSITIONS GÉNÉRALES.

129. Des médecins sanitaires français sont établis en Orient :
leur nombre, leurs résidences et leurs émoluments sont fixés par
le ministre de l'intérieur.

Ces médecins sont chargés de renseigner les agents du service
consulaire français, l'administration supérieure et, en cas d'urgence, les directeurs de la santé sur l'état sanitaire du pays où
ils résident.

130. Les agents de la France au dehors doivent se tenir exactement informés de l'état sanitaire du pays où ils résident et adresser
au département dont ils relèvent, pour être transmis au ministre
de l'intérieur, les renseignements qui importent à la police sanitaire et à la santé publique de la France. S'il y a péril, ils doivent,
en même temps, avertir l'autorité française la plus voisine ou la
plus à portée des lieux qu'ils jugeraient menacés.

131. Les chambres de commerce, les capitaines ou patrons de
navires arrivant de l'étranger, les dépositaires de l'autorité publique, soit au dehors, soit au dedans, et généralement toutes les
personnes ayant des renseignements de nature à intéresser la
santé publique, sont invités à les communiquer aux autorités
sanitaires.

132. Des règlements locaux, approuvés soit par le ministre de
l'intérieur, soit par le gouverneur général de l'Algérie, déterminent pour chaque port, s'il y a lieu, les conditions spéciales
de police sanitaire qui lui sont applicables en vue d'assurer
l'exécution des règlements généraux.

133. Les dépenses du service sanitaire sont réglées annuellement, en prévision, par des budgets spéciaux préparés par les
directeurs de la santé pour chacun des départements de leur
circonscription et approuvés, sur l'avis des préfets, soit par le
ministre de l'intérieur, soit par le gouverneur général de l'Algérie.

Aucune dépense ne peut être ni effectuée, ni engagée en dehors
de ces budgets sans une autorisation expresse du ministre ou du
gouverneur à moins toutefois qu'il n'y ait urgence. Dans ce cas,
il en est référé immédiatement au ministre ou au gouverneur
pour faire régulariser la dépense effectuée ou engagée.

Aussitôt après la clôture de l'exercice financier, les directeurs de la santé adressent au ministre ou au gouverneur, par l'intermédiaire des préfets et indépendamment des pièces exigées par les règlements sur la comptabilité, un compte détaillé des dépenses ordinaires ou extraordinaires effectuées au cours de l'exercice dans chacun des départements de leur circonscription.

134. Sont abrogés les décrets des 22 février 1876, 25 mai 1878, 15 avril 1879, 26 janvier 1882, 19 décembre 1883, 30 décembre 1884, 29 octobre 1885, 15 décembre 1888, 25 juillet et 19 octobre 1894, 20 et 22 juin 1895, et généralement toutes dispositions réglementaires antérieures qui seraient contraires au présent décret.

135. Le ministre de l'intérieur et les ministres de la justice, des affaires étrangères, des finances, de la guerre, de la marine, des travaux publics, du commerce, de l'industrie, des postes et des télégraphes, de l'agriculture, des colonies, et le gouverneur général de l'Algérie sont chargés, chacun en ce qui le concerne, de l'exécution du présent décret, qui sera publié au *Journal officiel de la République française* et inséré au *Bulletin des lois*.

Fait à Paris, le 4 Janvier 1896.

Signé : FÉLIX FAURE.

Le Ministre de la justice,
Signé : L. RICARD.

Le Président du Conseil, Ministre de l'intérieur,
Signé : LÉON BOURGEOIS.

Le Ministre de la guerre,
Signé : G. CAVAIGNAC.

Le Ministre des finances,
Signé : PAUL DOUMER.

Le Ministre des affaires étrangères,
Signé : BERTHELOT.

Le Ministre des travaux publics,
Signé : GUYOT-DESSAIGNE.

Le Ministre de la marine,
Signé : EDOUARD LOCKROY.

Le Ministre des colonies,
Signé : GUIEYSSE.

Le Ministre de l'agriculture,
Signé : VIGER.

Le Ministre du commerce, de l'industrie, des postes et des télégraphes,
Signé : G. MESUREUR.